Inhalt

Meister Fu und die neu

Unzählige Jahre befanden sich die **Miraculous** im Besitz von Meister Fu. Mit seinen 186½ Jahren war er das letzte Mitglied vom **Orden der Hüter**. Er allein trug die Verantwortung für die magischen Schmuckstücke, die dank ihrer **Kwamis** übermenschliche Kräfte freisetzen können. Denn mit jedem Miraculous ist ein Kwami verbunden, ein kleines Wesen, das den Besitzer des Miraculous in einen Superhelden (oder Superschurken) verwandeln kann.

Meister Fu bewahrte die Miraculous in einer achteckigen **Schatulle** auf, die mit chinesischen Mustern verziert war. Als ihm die Verantwortung für die Miraculous übertragen wurde, war Meister Fu noch sehr jung gewesen. Und leider beging er einen schweren Fehler, durch den das Schmetterlings-Miraculous und das Pfauen-Miraculous verloren gingen. Umso sorgfältiger kam er in den folgenden Jahren seinen Pflichten als **Hüter der Miraculous** nach: Er wachte streng darüber, dass keine weiteren Miraculous abhandenkamen, und sorgte für ihre Verbreitung – zum Wohl der ganzen Menschheit.

Dann kam der Tag, an dem Meister Fu beschloss, seinem langjährigen Schützling Marinette die **Verantwortung für die Miraculous** zu übertragen. Der alte Meister kämpfte gerade gegen den Superschurken Hawk Moth, als er merkte, dass ihm die Kräfte schwanden.

„Ich, Wang Fu, gebe hiermit die Miraculous-Schatulle frei", sagte er feierlich, „und ernenne Ladybug zur neuen Hüterin." Ladybug erschrak, doch Meister Fu lächelte. „Du wirst eine bewundernswerte Hüterin sein", fügte er voller Überzeugung hinzu.

In diesem Moment leuchtete die alte, achteckige Miraculous-Schatulle gleißend hell auf und verwandelte sich in eine ovale Schatulle im Marienkäferlook – passend zu Ladybug. Denn von jetzt an war sie **die neue Hüterin der Miraculous**.

Die neue Schatulle ...

Normalerweise ist Ladybugs neue Miraculous-Schatulle rot mit schwarzen Punkten. Im aktivierten Zustand färbt sie sich dunkelrot, und die schwarzen Punkte leuchten bunt auf. Dann erscheint auf jedem einzelnen das Symbol des Miraculous, das sich dahinter verbirgt.

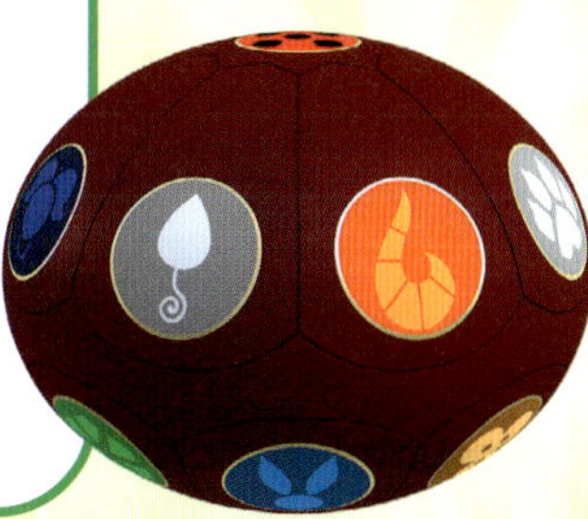

... und ihr Inhalt

In der Miraculous-Schatulle leben auch **alle Kwamis**, deren Miraculous in der Schatulle aufbewahrt werden. Wenn die Hüterin das Miraculous jemandem anvertraut – und sei es nur für eine begrenzte Zeit –, wechselt das Kwami mit dem Miraculous aus der Schatulle zum neuen Besitzer.

Um ein Kwami aus der Schatulle zu holen, drückt Marinette auf das betreffende Miraculous-Symbol. Dann öffnet sich das Fach, und das magische Wesen erscheint. Beim ersten Mal hatte Marinette versehentlich alle Fächer auf einmal geöffnet – diesen Fehler macht sie so schnell nicht wieder. Denn im Rudel sind die quirligen, kleinen Geschöpfe ziemliche Nervensägen und kaum zu bändigen.

Kwami-Facts

- Kwamis sind magische Wesen, die weder gefilmt noch fotografiert werden können. Darum sind sie auch bei Videocalls und Internet-Chats nicht zu sehen.
- Ältere Kwamis feiern keine Geburtstage – sie zählen ihr Alter in Zyklen. Und das mit gutem Grund, denn der Zyklus eines Kwamis dauert einige Hundert Menschenjahre. Manche Kwamis sind bereits mehrere Tausend Zyklen alt.
- An Zyklus-Jubiläen und Geburtstagen können Kwamis miteinander kommunizieren – egal, ob sie in der Miraculous-Schatulle sind oder bei ihrem jeweiligen Besitzer.

Tikki, das Kwami der Erscha

Zahlen und Fakten

Das etwa zehn Zentimeter große Kwami ist purpurrot mit einem schwarzen Punkt auf dem Kopf und kleinen Flügelchen auf dem Rücken. Es hat große blaue Augen und ist über 5 000 Jahre alt.

Besitzer

Meister Fu vertraute Tikki einem tollpatschigen Teenager an: der 15-jährigen Marinette Dupain-Cheng. Sie lebt in Paris, geht auf das Collège Françoise Dupont und ist unsterblich in Adrien aus ihrer Klasse verknallt. Wenn sie unterwegs ist, schlüpft Tikki in Marinettes Umhängetäschchen; so kann Tikki überall dabei sein, ohne entdeckt zu werden.

Miraculous

Tikki ist mit dem **Marienkäfer-Miraculous** verbunden, zwei magischen Ohrsteckern, die im nicht aktivierten Zustand schwarz sind. Nachdem Tikki in das Miraculous eingedrungen ist, färben sich die Ohrstecker rot mit fünf schwarzen Punkten. Sobald die Energie sich dem Ende zuneigt, ertönt ein Piepsen, und der Countdown beginnt. Von da an zeigen die Punkte die Minuten an, die noch verbleiben, bis die magischen Kräfte aufgebraucht sind. Ladybugs Ohrstecker gehören zu den mächtigsten Miraculous überhaupt, denn sie haben die Macht, Dinge zu erschaffen.

Superheldin

Wenn Marinette die magischen Ohrstecker trägt und „Tikki, verwandle mich!“ sagt, wird aus ihr die Superheldin **Ladybug**. Charakteristische Merkmale sind das marienkäferrote Outfit und die dazu passende Augenmaske.

Ausstattung

Um die Hüften trägt Ladybug ein **Jo-Jo**, das vielseitig einsetzbar ist: als Lasso, als Enterhaken, als Schutzschild, als Handy und als Navi. Mit dem Jo-Jo fängt Ladybug die schwarzen Akumas ein und verwandelt sie wieder in harmlose weiße Schmetterlinge.

Superpower

Eine von Ladybugs Superkräften ist der **Glücksbringer**. Um ihn einzusetzen, wirft sie ihr Jo-Jo in die Luft und ruft: „Glücksbringer!"
Dann bringt das Jo-Jo ein Objekt hervor, mit dessen Hilfe es Ladybug gelingt, den Gegner zu besiegen.
Ihre zweite Superpower heißt **Miraculous Ladybug**. Um sie freizusetzen, muss Ladybug das Glücksbringer-Objekt in die Luft werfen. Ruft sie dabei „Miraculous Ladybug!", entlädt sich explosionsartig Energie, die alles wiederherstellt, was zuvor zerstört wurde.

Superpower XXL

Mit magischen Macarons kann Tikki zu **Stalak-Tikki** werden und Marinette in **Eis-Ladybug** verwandeln. Die trägt Schlittschuhe, und ihr Superhelden-Outfit überzieht ein Eiskristallmuster. So kommt sie auch mit Eismassen klar, mit denen Superschurken wie Frozer die Welt bedrohen.
Wenn das Kwami sich in **Aqua-Tikki** verwandelt, wird Marinette zu **Aqua-Ladybug** mit Taucherflossen und Fischschuppenmuster auf Anzug und Maske.
So kann die Superheldin auch unter Wasser gegen das Böse kämpfen.

Funfact

Tikki mag alles, was süß ist. Am liebsten die leckeren Macarons aus der Bäckerei von Marinettes Eltern. Damit holt Tikki sich nach einem Einsatz wieder ihre Kräfte zurück.

Plagg, das Kwami der Zerst

Zahlen und Fakten

Plagg ist etwa zehn Zentimeter groß und schwarz. Mit seinen spitzen Ohren, den grünen Augen und den Fangzähnen erinnert Plagg an ein Kätzchen. Plagg ist über 65 Millionen Jahre alt und hat schon und viel erlebt. Er soll für das Aussterben der Dinosaurier, den Untergang von Atlantis und den Schiefen Turm von Pisa verantwortlich sein.

Miraculous

Plagg ist mit dem **Katzen-Miraculous** verbunden. Im Tarnmodus ist das Miraculous ein silberner Ring. Sobald das Kwami mit dem Miraculous verschmolzen ist, wird der Ring schwarz mit neongrüner Katzenpfote. Wenn seine Energie zu Ende geht, piepst es kurz, und der Pfotenabdruck zeigt den Countdown an. Der Ring ist nach Ladybugs Ohrsteckern das zweitmächtigste Miraculous und hat die Macht, Dinge zu zerstören.

Besitzer

Am selben Tag, an dem Meister Fu Marinette auswählte, steckte er auch dem 15-jährigen **Adrien Agreste** das Katzen-Miraculous zu. Adrien ist der Sohn des Pariser Modeschöpfers Gabriel Agreste und leidet darunter, dass der sein ganzes Leben kontrolliert. Er ahnt nicht, dass sein Vater Hawk Moth ist – und Gabriel Agreste wiederum weiß nicht, dass sein Sohn das Katzen-Miraculous besitzt.

ung

Superpower

Plagg verleiht seinem Besitzer die Superkraft der Zerstörung. Um sie freizusetzen, ruft Cat Noir: „**Kataklysmus!**“ Dann lädt sich die Hand, an der er den Ring trägt, mit schwarzer Energie auf, und alles, was Cat Noir berührt, wird zerstört. Damit hat er schon viele Superschurken entwaffnet.

Superheld

Wenn Adrien den magischen Ring trägt und „Plagg, verwandle mich!“ sagt, wird aus dem Teenager der Superheld **Cat Noir**. Seine Merkmale sind die katzengrünen Augen unter der schwarzen Maske, Katzenohren und ein schwarzes Outfit mit Krallen an Handschuhen und Schuhen. Gemeinsam mit Ladybug, in die er rettungslos verliebt ist, kämpft Cat Noir gegen jeden Superschurken.

Superpower XXL

Wenn Kwamis speziell gefüttert werden, entwickeln sie besondere Fähigkeiten. So wird Plagg mit magischem Camembert zu **Aqua-Plagg** und kann seinen Besitzer in **Aqua-Cat-Noir** verwandeln. Wie Aqua-Ladybug ist auch Aqua-Cat-Noir mit Taucherflossen ausgerüstet und kann unter Wasser atmen.
Als **Gletscher-Plagg** steigert das Kwami die Superkräfte seines Besitzers. Mit Schlittschuhen und Kristallmusteranzug ist **Eis-Cat-Noir** fit für den Einsatz auf dem Eis.

Ausstattung

Cat Noirs Allzweckwaffe ist ein magischer Stock, den er mal als Schwert, mal als Bumerang, als Angel, Sprungstab oder Handy nutzt. Er lässt sich zusammenschieben und auf dem Rücken verstauen.

Funfact

Plagg liebt Käse – in allen Varianten. Doch seine absolute Lieblingssorte ist Camembert, je strenger er riecht, desto besser!

Nooroo, das Kwami der übe

Zahlen und Fakten

Das magische Wesen ist etwa zehn Zentimeter groß und blasslila. Auf seinem Rücken hat es Flügel wie ein Schmetterling. Nooroos Markenzeichen ist ein Spiralornament auf der Stirn. Kürzlich wollten die Kwamis seinen 3 500. Zyklus feiern; in Menschenjahren gezählt ist Nooroo also mindestens 700 000 Jahre alt!

Superpower

Über das Schmetterlings-Miraculous verleiht Nooroo seinem Besitzer die Superkraft der **Akumatisierung**. Dazu wird ein weißer Schmetterling mit magischer Energie aufgeladen und in einen violett-schwarzen Akuma verwandelt. Den schickt der Besitzer dann zu einer Zielperson, um sie zu akumatisieren. Dabei verwandelt sich die Zielperson in ein magisches Wesen, das mit dem Besitzer in Verbindung steht und alles tut, was der verlangt – egal, ob gut oder böse.

Miraculous

Nooroo ist mit dem **Schmetterlings-Miraculous** verbunden. Im nicht aktivierten Zustand sieht das Miraculous aus wie eine violette Brosche. Wenn Nooroo mit dem Miraculous verschmolzen ist, öffnet sich die Brosche und entfaltet vier weiße Stoffspitzen, die an die Flügel eines Schmetterlings erinnern.

ragung

Besitzer

Unglücklicherweise gelangte Nooroo in den Besitz des Modedesigners **Gabriel Agreste**. Der setzt alles daran, die mächtigsten Miraculous – die Ohrringe von Ladybug und den Ring von Cat Noir – an sich zu bringen. Sie sollen ihm dabei helfen, seine geliebte Frau Emilie, die in einen rätselhaften Tiefschlaf gefallen ist, wieder zum Leben zu erwecken. Adrien weiß nicht, dass seine Mutter in einem geheimen Raum unter dem Anwesen ruht. Dort züchtet Gabriel Agreste **weiße Schmetterlinge**, die er für die Akumatisierung braucht.

Nooroo leidet sehr unter den finsteren Absichten von Gabriel Agreste. **Aber Kwamis dürfen sich ihren Besitzern nicht widersetzen** – und so bleibt Nooroo nur die Hoffnung, irgendwann aus dem Bann des Bösen befreit zu werden.

Superschurke

Gabriel Agreste trägt das Schmetterlings-Miraculous unter der Krawatte. Wenn Nooroo die Brosche aktiviert, wird er **Hawk Moth**. Um nicht erkannt zu werden, verbirgt Hawk Moth seinen Kopf hinter einer silbernen Maske. Er trägt einen schwarz-violetten Anzug, schwarze Handschuhe, schwarze Schuhe und einen schwarzen Stock, in dem ein rasiermesserscharfer Degen versteckt ist.

Normalerweise befiehlt Gabriel Agreste seinem Kwami: „Nooroo, verwandle mich!" Manchmal mag er es auch dramatischer, dann sagt er: „Nooroo, die Flügel der Dunkelheit mögen sich entfalten!" oder „Flügel der Dunkelheit, erhebt euch!" Doch egal, wie der Befehl lautet – Nooroo antwortet immer gleich: „Zu deinen Diensten, Meister."

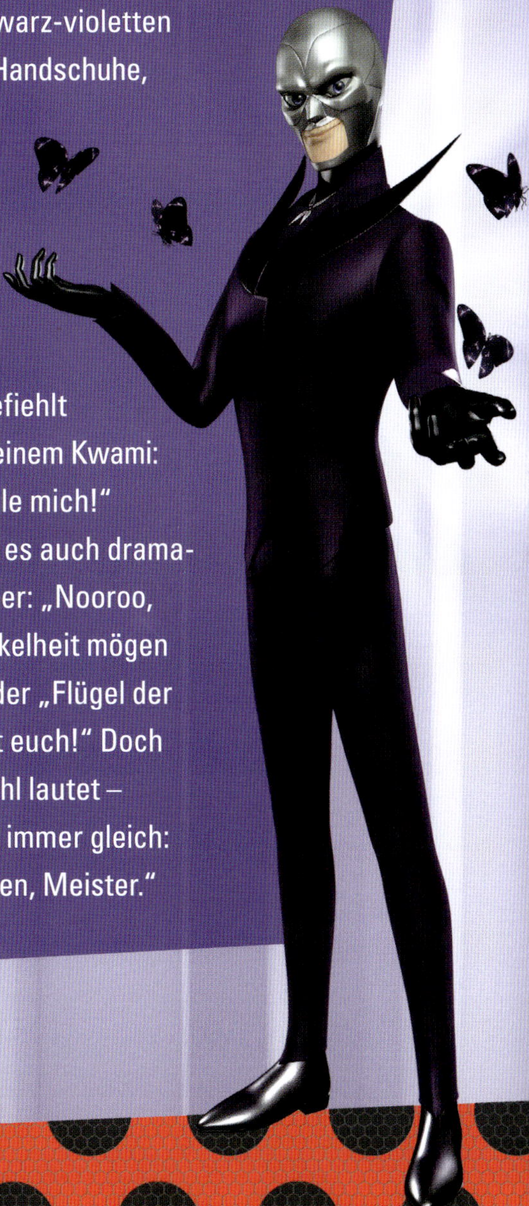

Duusu, das Kwami der Emo

Zahlen und Fakten

Mit seinem gefächerten Schwanz erinnert das tiefblaue Kwami an einen Pfau. Jede seiner fünf Schwanzfedern trägt ein Pfauenaugenornament. Es hat drei hauchzarte Federn auf dem Kopf, purpurrote Augen und einen ebensolchen Punkt auf der Stirn. Duusu ist etwa so groß wie eine Maus und 5 000 Jahre alt – im Vergleich zu Nooroo also ein richtiger Jungspund.

Ausstattung und Superpower

Zur Ausstattung des Pfauen-Miraculous gehört ein Fächer aus blau-rosa Pfauenfedern, deren oberer Rand mit weißen Federn geschmückt ist. Zupft der Besitzer eine dieser weißen Federn aus, verleiht Duusu ihm die Superkraft der **Amokisierung**. Dazu wird die Feder mit magischer Energie aufgeladen und färbt sich kornblumenblau. Dieser Amok wird zu einer Zielperson geschickt und verwandelt sie in ein Sentimonster – eine magische Kreatur, die aus den Emotionen der amokisierten Person geschaffen wird.

Miraculous

Duusu ist mit dem **Pfauen-Miraculous** verbunden. Im nicht aktivierten Zustand ist das Miraculous eine Brosche, die aussieht wie ein Pfau, dessen neun türkisgrüne Schwanzfedern zum Rad aufgestellt sind. Sobald Duusu mit dem Miraculous verschmolzen ist, bekommt die Brosche fünf lila-blaue, fächerförmige Pfauenfedern mit purpurrot leuchtenden Edelsteinen.

onen

Besitzer und Superschurken

Das Pfauen-Miraculous ist schon lange im Besitz von Gabriel Agreste. Da es jedoch beschädigt war, wagte er nicht, es zu benutzen. Trotz der Gefahr nahm **Nathalie Sancœur**, seine treue Assistentin, das Pfauen-Miraculous und verwandelte sich in die Superschurkin **Mayura**, um Hawk Moth zu retten. Danach gelang es Gabriel Agreste, das Pfauen-Miraculous zu reparieren.

Mit vereinten Superkräften

Seit das Pfauen-Miraculous wieder ganz ist, trägt Gabriel Agreste es unter seiner Krawatte versteckt, zusammen mit dem Schmetterlings-Miraculous. Wenn er befiehlt: „Nooroo, Duusu, vereint euch!“, aktivieren die beiden Kwamis die Miraculous und verwandeln ihren Besitzer in den Superschurken **Shadow Moth**. Der vereint dann die Superkräfte von zwei mächtigen Miraculous in sich. Seine Markenzeichen sind eine lila Jacke, die Pfauenaugenklappe über der Silbermaske, der Fächer des Schmetterlings-Miraculous und der Stock des Pfauen-Miraculous.

Der Albtraum jedes Kwamis

Das Pfauen-Miraculous war viele Jahre beschädigt. Solange saß Duusu in der magischen Brosche fest. Als das Kwami dann erfuhr, bei welchem Besitzer es gelandet war, ging der Albtraum erst richtig los …

Trixx, das Kwami der Illusion

Zahlen und Fakten

Das ungefähr zehn Zentimeter große magische Wesen erinnert mit seinem rötlich braunen Fell mit den weißen Stellen, vor allem aber den spitz aufgestellten Ohren und dem buschigen Schwanz an einen Fuchs. Trixx ist über 5 000 Jahre alt und lebt normalerweise in der Miraculous-Schatulle.

Miraculous

Trixx gehört mit dem **Fuchs-Miraculous** zusammen. Im nicht aktivierten Zustand gleicht das Miraculous einer goldenen Halskette mit einem Anhänger in Form eines Fuchsschwanzes mit weißer Spitze. Wenn der Besitzer seine Superkraft nutzt, bleiben noch fünf Minuten bis zur Rückverwandlung. Wenn der komplette Anhänger schwarz ist, sind die magischen Kräfte aufgebraucht.

Besitzerin

Eigentlich hat Trixx keinen festen Besitzer, sondern hält sich die meiste Zeit in der Miraculous-Schatulle auf. Nur wenn Ladybug und Cat Noir Hilfe im Kampf gegen finstere Mächte brauchen, gibt Ladybug das Fuchs-Miraculous in die vertrauenswürdigen Hände von **Alya Césaire**. Alya ist Marinettes beste Freundin. Als Superheldin setzt Alya ihre Superpower für das Allgemeinwohl ein und gibt die magische Halskette wieder zurück, sobald ihre Mission beendet ist.

Ausstattung

Das wichtigste Ausstattungsstück ist eine magische **Flöte**. Die Flöte kann als Waffe und als Stock eingesetzt werden – vor allem aber ist sie der Schlüssel zur Superpower des Fuchs-Miraculous.

Superheldin

Wenn Alya das Fuchs-Miraculous um den Hals trägt und „Trixx, verwandle mich!" spricht, macht das Kwami aus der Bloggerin die Superheldin **Rena Rouge**. Ihre charakteristischen Merkmale sind das fuchsrote Outfit mit weißen und schwarzen Stellen, die Fuchsohren, die denen von Trixx gleichen, und die farblich passende Augenmaske. Seit Neuestem verwandelt Trixx Alya in **Rena Furtive**, eine getarnte Version von Rena Rouge.

Superpower

Der Trägerin des Fuchs-Miraculous verleiht Trixx die Superkraft der **Illusion**. Wenn die Superheldin Rena Rouge auf ihrer Flöte spielt, kann sie eine Illusion erschaffen und andere damit täuschen. Allerdings hält die Illusion nur fünf Minuten lang an, bevor sie wieder verschwindet. Dann braucht Trixx eine Pause und muss seine Kräfte wieder aufladen.

Mit vereinten Superkräften

Als Hawk Moth die Mathelehrerin Madame Mendeleiev in die Superschurkin Kwamibuster akumatisiert, vereint Trixx sich mit dem Kwami Mullo und verwandelt Marinette in die Superheldin **Multifox**. Die schafft es, alle gefangenen Kwamis aus der Gewalt der Kwami-Jägerin zu befreien, und verhindert damit, dass Hawk Moth fast alle Miraculous in die Hände bekommt.

Wayzz, das Kwami des Schu

Zahlen und Fakten

Das kleine magische Wesen ist über 5 000 Jahre alt. Es ist hellgrün und hat gelbe Augen mit grüner Iris. Auf seinem Rücken trägt es einen schützenden Panzer, der an eine Meeresschildkröte erinnert, und auf seinem Kopf sitzt eine Antenne.

Besitzer

Lange Zeit befand sich Wayzz im Besitz von **Meister Fu**. Jetzt lebt das Kwami in der Miraculous-Schatulle. Wenn Marinette alias Ladybug die magischen Kräfte des Schildkröten-Miraculous braucht, vertraut sie das Armband vorübergehend **Nino Lahiffe** an. Nino geht in die gleiche Klasse wie Marinette. Er ist Adriens bester Freund und mit Alya liiert.

Miraculous

Wayzz ist mit dem **Schildkröten-Miraculous** verbunden. Im Tarnzustand sieht das magische Schmuckstück aus wie ein dünnes schwarzes Armband mit einem flachen jadegrünen Stein, in den eine Schildkröte graviert ist. Wenn Wayzz das Miraculous aktiviert, leuchtet der Stein magisch auf und färbt sich schwarz mit grünen Segmenten. Fangen sie an zu blinken, reicht die magische Energie noch etwa fünf Minuten aus. Dann muss Wayzz etwas essen, um wieder zu Kräften zu kommen.

es

Ausstattung

Das wichtigste Ausstattungsstück ist sein unzerstörbarer **Schild**. Carapace trägt den Schild auf dem Rücken, Jade Turtle trug ihn auf dem Kopf.

Superheld

Wenn Nino die magischen Worte „Wayzz, verwandle mich!“ ausspricht, macht ihn das Schildkröten-Kwami zu **Carapace**. Typische Merkmale des Superhelden sind ein grüner Ganzkörperanzug und ein Schutzschild im Schildkrötenpanzerlook. Meister Fu wurde mit Wayzz’ Hilfe zum Superhelden **Jade Turtle**.

Superpower

Über das Schildkröten-Miraculous verleiht Wayzz dem Träger des magischen Armbands die **Superkraft des Schutzes**. Wenn der Träger die Superpower „Schutzschild“ verwendet, bildet sich darunter ein magischer Schutzraum, umhüllt von einem grün leuchtenden, undurchdringlichen Netzmuster. Wer sich in diesem Schutzraum befindet, ist unangreifbar. Allerdings hält der Schutzraum nur fünf Minuten, bevor Wayzz sich wieder erholen muss.

Pollen, das Kwami der Unte

Zahlen und Fakten

Das gelbe Kwami mit den schwarzen Streifen auf der Stirn erinnert an eine Biene. Dazu passt auch Pollens unterwürfige Art. Die entspricht dem Verhalten von Bienen, die das Wohl ihrer Bienenkönigin über alles stellen. Pollen hat blau-goldene Augen, ist so groß wie eine Maus und über 5 000 Jahre alt.

Besitzerin

Normalerweise lebt Pollen in der Miraculous-Schatulle. Eines Tages verliert Marinette versehentlich das Bienen-Miraculous. Ausgerechnet **Chloé Bourgeois**, die verzogene Tochter des Pariser Bürgermeisters, findet es. Später vertraut Ladybug das Bienen-Miraculous Chloés Halbschwester **Zoé Lee** an, die das Zeug zu einer wahren Superheldin hat.

Miraculous

Pollen ist mit dem **Bienen-Miraculous** verknüpft. Im nicht aktivierten Zustand ist das magische Schmuckstück ein silbern schimmernder Einsteckkamm, der oben in einem Bienenornament abschließt. Sobald Pollen mit dem Miraculous verschmolzen ist, bekommt der Kamm goldene Zähne, und das Bienenornament färbt sich schwarz-gelb gestreift mit weißen Flügeln.

verfung

Verwandlung

Wenn Chloé sich den Kamm ins Haar steckt und „Pollen, verwandle mich!" befiehlt, bleibt dem Kwami nichts anderes übrig, als sie in **Queen Bee** zu verwandeln. Das schwarz-gelbe Outfit samt Augenmaske passt perfekt zum Kreisel, den die Superheldin um die Taille trägt. Doch der Look ist nicht alles – Chloé verwendet ihre Superkraft leider nicht immer zum Guten. Ganz im Gegensatz zu ihrer Halbschwester Zoé. Mit Pollens Hilfe wird Zoé zu **Vesperia** und unterstützt Cat Noir und Ladybug gegen das Böse.

Superpower

Pollen verleiht der Trägerin des Bienen-Miraculous die Superkraft der **Betäubung**. Dabei verwandelt der Kreisel sich in einen zuckenden Bienenstachel, der jeden Gegner betäubt. Sobald die Superpower einmal genutzt wurde, bleiben dem Träger noch fünf Minuten, bis die magische Kraft des Miraculous aufgebraucht ist und er sich wieder in seine menschliche Gestalt zurückverwandelt.

Ausstattung

Das Werkzeug des Bienen-Miraculous ist ein **gelber Kreisel** mit schwarzen Spiralstreifen. Seine Spitze erinnert an den Hinterleib einer Biene, an dem der Stachel sitzt. Der Kreisel ist an einer unendlich langen Zugschnur befestigt und dient als Lasso, zur Fortbewegung und als Stichwaffe. Ähnlich wie Ladybugs Jo-Jo kann der Kreisel auch aufgeklappt und als Handy verwendet werden.

Sass, das Kwami der Intuition

Zahlen und Fakten

Das kleine blassgrüne Kwami mit dem smaragdgrünen Rautenmuster hat schmale gelb-grüne Augen und schwarze Pupillenschlitze. Seine Haube erinnert an eine Kobra, ebenso die beiden spitzen Fangzähne und der lange Schwanz. Sein Alter wird auf über 5 000 Jahre geschätzt.

Ausstattung

Eine türkisfarbene **Lyra** ist das wichtigste Ausstattungsstück des Schlangen-Miraculous. Wenn der Träger ihre Saiten zupft, ist der Superschurke abgelenkt und tappt in die Falle.

Miraculous

Sass ist mit dem **Schlangen-Miraculous** verbunden. Im getarnten Zustand ist es ein schlichter, mattgrün schimmernder Metallarmreif. Wenn Sass das Miraculous mit Energie erfüllt, wird es zu einer meergrünen Schlange, die sich in den Schwanz beißt. Schiebt man den Kopf der Schlange zurück, wird ihre gespaltene gelbe Zunge sichtbar, und Sass aktiviert die Superkraft des Miraculous. In den nächsten fünf Minuten kann der Träger die magische Kraft so oft einsetzen, wie er möchte. Dann erlischt sie.

Superpower

Zweite Chance heißt die Superkraft, die Sass dem Träger des Schlangen-Miraculous verleiht. Wenn etwas schiefgeht, ermöglicht die zweite Chance, die Zeit zurückzudrehen und genau in dem Moment neu anzufangen, in dem die Superkraft aktiviert wurde.

Besitzer und Superhelden

Meister Fu hat Sass der neuen Hüterin übergeben, zusammen mit der Miraculous-Schatulle. Im Kampf gegen Hawk Moth vertraut Ladybug das Schlangen-Miraculous zunächst Adrien an. Sass verwandelt ihn in den Superhelden **Aspik**. Doch der schafft es selbst nach 25 913 zweiten Chancen nicht, Ladybug vor ihrer Gegenspielerin Desperada zu retten. Darum gibt er das Miraculous frustriert zurück. Anschließend überreicht Marinette das Schlangen-Miraculous Luka Couffaine. Dem gelingt es schließlich als Superheld **Viperion**, Paris von der Superschurkin zu befreien – mithilfe von Cat Noir und Ladybug, versteht sich.

Mit vereinten Superkräften

Ob die Schlappe als Aspik Adrien noch in den Knochen steckt oder nicht – als Cat Noir ist er erfolgreich. Als er das Katzen- und das Schlangen-Miraculous trägt und die magischen Worte „Sass, Plagg, vereint euch!“ spricht, verwandeln die beiden Kwamis ihn in den Superhelden **Snake Noir**, der die Superschurkin Miracle Queen in Schach hält.

Kaalki, das Kwami de

Zahlen und Fakten

Das magische Kerlchen ist etwa zehn Zentimeter groß und mindestens 5 000 Jahre alt. Es hat hellgrüne Augen und einen braunweißen Körper. Mit den hoch aufgestellten Ohren, der weißen Mähne und dem langen Schweif ähnelt es einem kleinen Pferd.

Besitzer

Eigentlich befindet sich Kaalki mit dem Pferde-Miraculous in der Miraculous-Schatulle. Doch während eines Schulausflugs nach London braucht Marinette seine magischen Kräfte und überreicht das Miraculous an **Max Kanté**, das Mathegenie aus ihrer Klasse. Nach seinem Einsatz als Superheld gibt Max das Miraculous ohne Murren an Ladybug zurück.

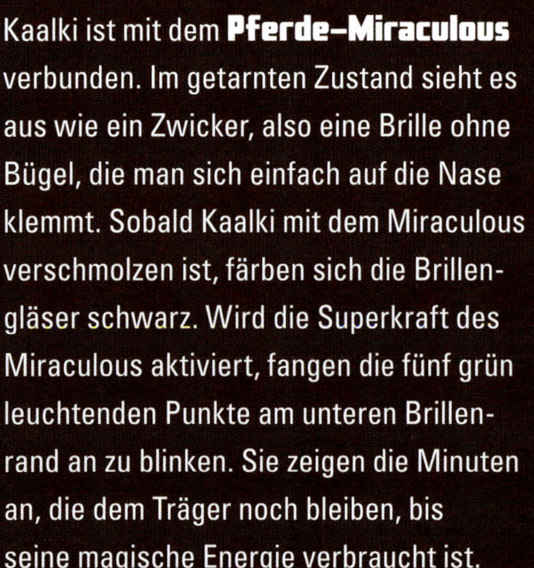

Miraculous

Kaalki ist mit dem **Pferde-Miraculous** verbunden. Im getarnten Zustand sieht es aus wie ein Zwicker, also eine Brille ohne Bügel, die man sich einfach auf die Nase klemmt. Sobald Kaalki mit dem Miraculous verschmolzen ist, färben sich die Brillengläser schwarz. Wird die Superkraft des Miraculous aktiviert, fangen die fünf grün leuchtenden Punkte am unteren Brillenrand an zu blinken. Sie zeigen die Minuten an, die dem Träger noch bleiben, bis seine magische Energie verbraucht ist.

Teleportation

Superheld

Als Max sich die magische Brille auf die Nase klemmt und „Kaalki, verwandle mich!“ sagt, wird aus dem eher in sich gekehrten Mathe- und Technikfreak der Superheld **Pegasus**. Zu seinem rotbraunen Outfit gehören geflügelte Schuhe, ein kleines Hufeisen am Stehkragen und eine coole wasserstoffblonde Frisur mit einem Pferdeschwanz aus Rastalocken.

Superpower

Über das Pferde-Miraculous verleiht Kaalki seinem Besitzer die Superkraft der **Teleportation**. Mit ihr kann man Personen und Gegenstände von jedem beliebigen Ort an einen anderen teleportieren, zum Beispiel von Paris nach London – oder aus dem Weltall auf die Erde.

Ausstattung

Die magische Waffe des Pferde-Miraculous ist ein **Hufeisen**. Pegasus trägt es am Rücken seines Ganzkörperanzugs. Es wird wie ein Bumerang benutzt und räumt alles aus dem Weg, was es berührt. Dafür kann das Hufeisen auseinandergeklappt und geworfen werden.

Longg, das Kwami der Perfe

Zahlen und Fakten

Das kleine magische Geschöpf ist mausgroß und über 5 000 Jahre alt. Es ist feuerrot und hat weiß-goldene Augen mit reptilienartigen Pupillen. Auf seinem Köpfchen sitzen acht spitze Hörner, von denen die beiden längsten gestreift sind und schräg nach hinten ragen. Longgs Schwanz ist mit drachenartigen Schuppen besetzt und endet in einer flammenförmigen Quaste.

Superpower

Über das Drachen-Miraculous verleiht Longg dem Träger die Superkraft der Elemente **Wind, Wasser oder Blitz**. Allerdings muss der Träger sich für ein Element entscheiden. Sagt er beispielsweise: „Winddrache!“, kämpft er mit der Macht des Windes und wird unfassbar wie Luft. Wählt er den Befehl „Wasserdrache!“, entfesselt er die Kraft eines reißenden Flusses.

Miraculous

Longg gehört untrennbar mit dem **Drachen-Miraculous** zusammen. Im nicht aktivierten Zustand gleicht das Miraculous einem schwarzen Halsband mit einer feuerroten Perle. Wenn Longg mit dem Miraculous verschmolzen ist, lädt es sich mit magischer Energie und leuchtet dunkelrot wie lodernde Glut.

ion

Besitzer

Longg hat keinen festen Besitzer und hält sich meist in der Miraculous-Schatulle auf. Als Ladybug im Kampf gegen die Superschurkin Ikari Gozen Hilfe braucht, lässt sie das Drachen-Miraculous **Kagami Tsurugi** zukommen. Kagami ist 15 Jahre alt, geht in Marinettes Klasse und wäre ebenfalls gerne mit Adrien zusammen. Leider, wie Marinette findet.

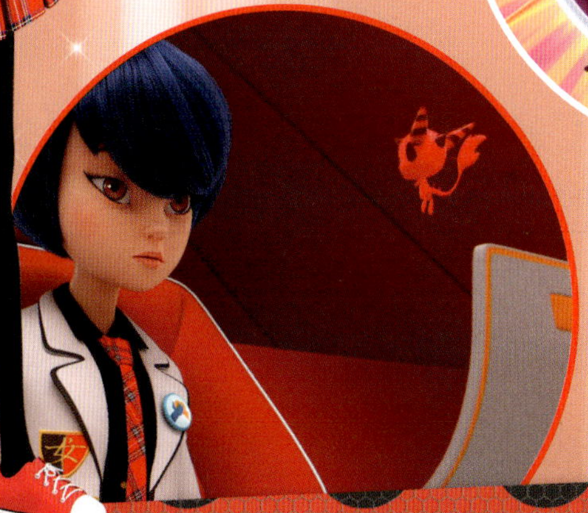

Superheldin und Ausstattung

Wenn Kagami das Drachen-Miraculous um den Hals trägt und „Longg, verwandle mich!" sagt, wird sie zur Superheldin **Ryuko**. Charakteristisch für sie ist das feuerrote Outfit mit dem schwarz-goldenen Drachenschwanzmuster und den Symbolen ihrer Superkräfte auf der Brust: einer Wolke, einem Wassertropfen und einem Blitz. Sie trägt eine rote Maske, hat goldgelbe Augen, und aus ihren Haaren ragen vier Drachenschuppen, die wie Hörner aussehen. Zum Drachen-Miraculous gehört auch ein **magisches Schwert**. Es ist lang, scharf und passt farblich perfekt zu Ryuko.

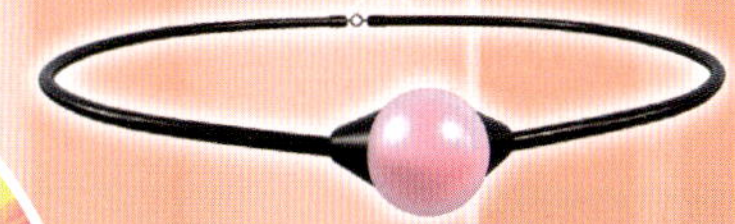

Mit vereinten Superkräften

Wenn Ladybug das Drachen-Miraculous trägt, ist die Perle rosarot. Spricht sie die magischen Worte „Tikki, Longg, vereint euch!", verwandeln die beiden Kwamis sie in die Superheldin **Dragonbug**, die mit den gebündelten Superkräften des Drachen- und des Marienkäfer-Miraculous praktisch unbesiegbar ist.

Xuppu, das Kwami des Spotts

Zahlen und Fakten

Das quirlige magische Geschöpf hat den Kopf voller Flausen. Dabei ist es schon über 5 000 Jahre alt. Xuppu – sein Name wird „Schuppu" ausgesprochen – ist etwa zehn Zentimeter groß und hellbraun-gelb. Mit seinen großen, runden Ohren und seinem langen Schwanz ähnelt das Kwami einem Äffchen.

Besitzer

Xuppu befindet sich in der Miraculous-Schatulle – es sei denn, seine speziellen Kräfte werden gebraucht. Dann bekommt in der Regel **Kim Lê Chiến** das magische Stirnband. Kim ist 15 Jahre alt, geht in Marinettes Klasse und ist ein richtig guter Schwimmer. Irgendwie sind Kim und Xuppu wie füreinander geschaffen.

Miraculous

Xuppu ist mit dem **Affen-Miraculous** verbunden, das extrem gut getarnt ist: entweder als schwarzes Nackenband mit roten Ohrstöpseln oder als rosa-pink gemusterter Haarreif. Wenn Xuppu das Miraculous aktiviert, lädt es sich mit magischer Energie und wird zu einem goldenen Stirnreif.

Superpower und Ausstattung

Xuppu verleiht King Monkey über den Stirnreif die **Superkraft des Tumults**. Sie wird aktiviert, wenn der Superheld die magische Waffe des Affen-Miraculous, einen langen dunkelbraunen **Stab** mit goldenen Enden, wild herumwirbelt. Damit bringt er seine Gegner so durcheinander, dass deren Superkräfte versagen.

Mit vereinten Superkräften

Als Marinette sich in die Superheldin **Multimouse** verwandeln lässt, trägt sie eine getarnte Version des Affen-Miraculous, den rosa-pink gestreiften Haarreif. In ihrem Kampf gegen Superschurkin Kwamibuster kommt er allerdings nicht zum Einsatz.

Superheld

Setzt sich Kim das Affen-Miraculous auf den Kopf und spricht die magischen Worte „Xuppu, verwandle mich!“, macht das Kwami ihn zum Superhelden **King Monkey**. Dessen typische Merkmale sind der hellbraune Anzug, Schuhe mit goldenen Absätzen, der lange Affenschwanz, rote Haare und die goldene Augenmaske.

Supergefährlich

In „Der Kampf der Miraculous“ zwingt Superschurkin **Miracle Queen** den Träger des Affen-Miraculous, Teil ihrer königlichen Leibwache zu werden und ihr zu dienen – bis Ladybug und Cat Noir alle Superhelden wieder aus dem Bann des Bösen befreien.

Fluff, das Kwami de

Zahlen und Fakten

Mit seinen langen Ohren, den großen Schneidezähnen und dem Puschelschwanz sieht Fluff wie ein Häschen aus. Das Kwami hat blaue Kulleraugen und ein fluffiges schneeweißes Fell. Am liebsten futtert es Möhren.

Besitzerin

Das Hasen-Miraculous wird in der Miraculous-Schatulle aufbewahrt und nur selten genutzt, da seine Superkraft extrem gefährlich ist. Irgendwann in den nächsten dreizehn Jahren wird Marinette alias Ladybug es **Alix Kubdel** anvertrauen. Zurzeit ist Alix allerdings 15 Jahre alt und geht in Marinettes Klasse. Als sie plötzlich ihrem erwachsenen Ich gegenübersteht, ist sie baff. Die 28-jährige Alix ist nämlich aus der Zukunft zurückgereist, um Ladybug zu warnen.

Miraculous

Fluff gehört mit dem **Hasen-Miraculous** zusammen, das als Taschenuhr getarnt ist. Im aktivierten Zustand ist die Uhr himmelblau mit weißem Zifferblatt, schwarz-blauen Zeigern und fünf schwarzen Punkten. Wird die Superpower des Miraculous eingesetzt, leuchten die Punkte gelb auf. Nun zeigen sie die Minuten an, die dem Träger noch bleiben, bis er sich in seine menschliche Form zurückverwandelt. Dann muss Fluff dringend etwas knabbern, um seine magischen Batterien wieder aufzuladen.

Evolution

Ausstattung

Die Angriffs- und Verteidigungswaffe des Hasen-Miraculous ist ein himmel-blau-weißer **Schirm**. Wenn er geschlossen ist, kann er als Stichwaffe verwendet werden, geöffnet als Abwehrschild.

Superheldin

Wenn Alix das Hasen-Miraculous trägt und die magische Formel „Fluff, verwandle mich!“ spricht, wird sie zur Superheldin **Bunnyx**. Sie trägt einen himmelblau-weißen Anzug mit schwarzen Streifen, einer dazu passenden Maske und Hasenohren. In der Zukunft gehört sie zu Ladybugs und Cat Noirs Team. Dort wird sie als Superheldin der letzten Chancen gerufen, wenn alle anderen gescheitert sind.

Superpower

Über das Hasen-Miraculous verleiht Fluff seiner Trägerin die Superkraft der **Hasenhöhle**: ein kreisrundes Zeitfenster, durch das Bunnyx sowohl in die Zukunft als auch in die Vergangenheit reisen kann. Allerdings wird das mächtige Miraculous nur sehr selten aktiviert, weil es äußerst gefährlich ist, durch die Zeit zu reisen. Denn in Geschehnisse einzugreifen, kann ernste Folgen haben.

Super getarnt

Je nachdem, wer das Hasen-Miraculous trägt, ändert sich das Design der Taschenuhr: Bei Alix ist sie silbern mit feinen Gravuren, bei Marinette schlicht rosa, und bei Chloé alias Miracle Queen glänzt sie in mattem Gold.

Funfact

Wird das Hasen-Miraculous im getarnten Zustand von einer Superheldin wie Ladybug geöffnet, erscheint das himmelblaue Hologramm einer Frau, die die aktuelle Uhrzeit anzeigt.

Liiri, das Kwami der Freiheit

Zahlen und Fakten

Das rund zehn Zentimeter kleine Wesen ist über 5 000 Jahre alt. Mit seinem schwarz-grauen Körper, den Schwanzfedern und dem gelben Schnabel sieht es aus wie ein Vögelchen. Liiri ist bisher das einzige bekannte Miraculous, das nicht aus der asiatischen Miraculous-Schatulle stammt.

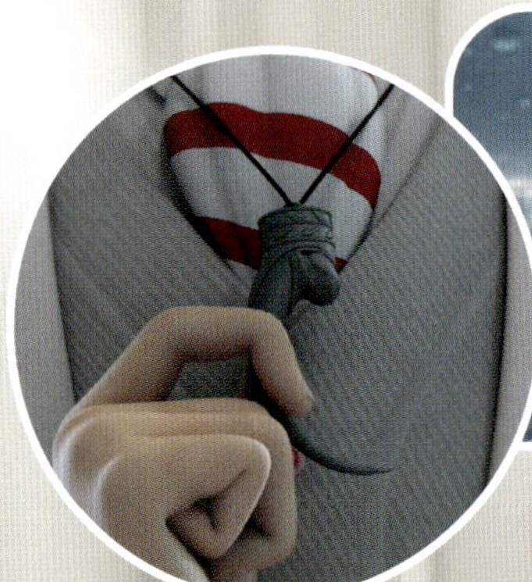

Besitzer

Gabriel Agreste lässt das Adler-Miraculous aus dem Museum stehlen und macht sich zum neuen Meister des Adler-Kwamis. Nachdem Liiri das Miraculous verlassen hat, wechselt die Adlerkralle in den Tarnmodus und wird metallisch grau.

Miraculous

Liiri ist mit dem **Adler-Miraculous** verbunden, in dem es über 200 Jahre lang festsaß – zu besichtigen in einem New Yorker Museum. Im aktivierten Zustand ist das Miraculous eine dunkelbraune Adlerkralle, die als Anhänger an einer schwarzen Schnur befestigt ist.

Superpower

Liiri verleiht demjenigen, der die Adlerkralle trägt, die **Superkraft der Befreiung**. Gabriel Agreste nutzt den magischen Anhänger, um die amerikanischen Superhelden von ihren Tugenden „zu befreien", damit sie ihren Kampf gegen das Böse stoppen.

Superschurken

Hawk Moth gibt das Adler-Miraculous dem Schurken Techlonizer und zwingt ihn, die Worte „Liiri, verwandle mich!" zu sagen. Daraufhin wird der zum Superschurken **Miraclonizer**, der alle Superhelden endgültig ausschalten soll.

Miraculous-Facts

- Außer Marinettes Miraculous-Schatulle ist noch eine amerikanische Schatulle bekannt. Sie enthält das Adler-Miraculous, doch es gibt offenbar noch weitere ...
- Der Hüter der amerikanischen Miraculous fordert, dass das Adler-Miraculous zurück in seine Schatulle muss.
- Eagle kann den Hüter davon überzeugen, ihr die Adlerkralle zu überlassen – und begründet damit den Anfang einer neuen Generation von Superhelden.

Besitzerwechsel

Ladybug und Cat Noir gelingt es, Hawk Moth einen Strich durch die Rechnung zu machen und Miraclonizer das Adler-Miraculous wieder abzunehmen. Dann vertraut Ladybug das Adler-Miraculous **Jessica Keynes** an. Die ist in Marinettes Alter und wird gerade zur Superheldin ausgebildet. Ihr Outfit als Super-Azubi Sparrow erinnert an einen Sperling. Als Sparrow die Worte „Liiri, verwandle mich!" spricht, wird sie zur Superheldin **Eagle**. Mit Liiri, dem Kwami der Freiheit, der Superkraft des Adler-Miraculous und dessen magischer Waffe, dem **Schwirrholz**, gelingt es Eagle das Böse zu besiegen.

Daizzi, das Kwami des Jubels

Zahlen und Fakten

Mit dem Schweineschnäuzchen, den abgeknickten Ohren und dem Ringelschwänzchen erinnert das hellrosa Kwami an ein Schweinchen. Daizzi hat einen großen schwarzen Fleck um ihr linkes Auge, ist etwa zehn Zentimeter groß und mindestens 5 000 Jahre alt.

Besitzerin

Marinette bewahrt das Schweine-Miraculous in ihrer Miraculous-Schatulle auf. Zum ersten Mal setzt sie es im Kampf gegen das Sentimonster ein, das ihre amokisierte Schulfreundin Juleka alias Reflekta aus ihren Schuldgefühlen geschaffen hat. Um die Gefahr abzuwehren, gibt Marinette das magische Fußkettchen Julekas bester Freundin **Rose Lavillant** und sagt: „Hier ist das Schweine-Miraculous, das einem die Kraft des Jubels verleiht. Setze es für das Allgemeinwohl ein!"

Miraculous

Daizzi ist mit dem **Schweine-Miraculous** verbunden, einem Fußkettchen, das im Tarnzustand weiß ist. Wenn Daizzi mit dem Miraculous verschmolzen ist und dessen Energie aktiviert, färbt es sich weiß und pink, und fünf große Perlen hängen an dem Kettchen.

Superheldin

Als Rose das Schweine-Miraculous anlegt und die magische Formel „Daizzi, verwandle mich!" spricht, macht das Kwami sie zur Superheldin **Pigella**. Die trägt ein rosa-weißes Outfit mit Pinktönen, ein Röckchen, eine passende Augenmaske und zwei Zöpfe, die Schweineohren ähneln.

Ausstattung

Zur speziellen Ausrüstung des Schweine-Miraculous gehört ein magisches **Tamburin**. Es ist pink mit weißem Muster und hat goldene Schellen. Wenn Pigella es nicht braucht, trägt sie es wie einen Rucksack am Rücken.

Superpower

Um die **Superkraft der Positivität** zu aktivieren, küsst Pigella das magische Tamburin. Dann schwingt sie es kraftvoll durch die Luft und ruft dabei laut: „**Geschenk!**" Daraufhin erscheint ein geheimnisvoll leuchtendes Geschenk, in dem sich der größte Herzenswunsch einer Person verbirgt. Pigella kann das Geschenk öffnen und den geheimen Wunsch mit ihrer Superkraft sichtbar machen. So wird der Bann von Shadow Moth über das Sentimonster gebrochen, und Reflekta verwandelt sich wieder in Juleka zurück.

Roaar, das Kwami der Begei

Zahlen und Fakten

Das temperamentvolle kleine Kerlchen, das über 5 000 Jahre alt ist, hat eine ziemlich große Klappe. Sein Körper ist kräftig pink mit ein paar dunkler getigerten Streifen. Es hat einen langen Schwanz mit Quaste, spitze Fangzähne, orange-gelbe Augen und ein Schnurrhaar auf jeder Wange.

Besitzerin

Normalerweise lebt Roaar in der Miraculous-Schatulle und kommt nur selten zum Einsatz. Doch auf der Geburtstagsparty von Juleka und Luka Couffaine geraten die Eltern der Geschwister in Streit, und Hawk Moth akumatisiert sie in die Superschurken Guitar Villain und Captain Hardrock. Das bringt Marinette alias Ladybug auf die Idee, **Juleka** das Tiger-Miraculous zu geben. Mithilfe ihres Jo-Jos holt sie das magische Schmuckstück aus der Schatulle und vertraut es ihrer Freundin an.

Miraculous

Roaar gehört mit dem **Tiger-Miraculous** zusammen, einem schwarzen Gothic-Armband, das über Ketten mit vier Fingerringen verbunden ist. Zwischen den Ketten sitzt ein großer, ovaler Stein, der im Tarnmodus lila funkelt. Wenn Roaar mit dem magischen Schmuckstück verschmilzt, färbt der Stein sich dunkelrot, und eine gelbe Tigertatze erscheint.

Superheldin

Als Juleka das Miraculous überstreift und „Roaar, verwandle mich!“ sagt, aktiviert das Tiger-Kwami die magische Energie des Ring-Armbands, und aus der schüchternen Juleka wird die mutige Superheldin **Purple Tigress**. Sie trägt einen grau-purpurroten Anzug mit schwarz-goldenem Muster und passender Maske. Aus ihren Haaren ragen Raubkatzenohren, und ihre Augen leuchten gelb-orange. Ihre rechte Hand, an der sie das Miraculous trägt, wird zu einer schwarzen Tigerkralle.

Ausstattung

An der langen Schnur, die Purple Tigress um die Hüften gebunden hat, befindet sich die Wurfwaffe der Superheldin, die **Bola**. Sie besteht aus drei Kugeln, die ein Dreieck bilden.

Superpower

Um ihre Superkraft zu entfesseln, ruft Purple Tigress: „**Schlag!**“, und ballt ihre rechte Hand zur Faust. Dann stieben aus der Tigerkralle Funken voller magischer Energie in gleißend hellen Rosa- und Gelbtönen. Und alles, was die Superheldin mit ihrer Faust berührt, wird unendlich weit davongeschleudert.

Mullo, das Kwami der Verr

Zahlen und Fakten

Das rund zehn Zentimeter kleine magische Wesen ist über 5 000 Jahre alt und ein richtiger Spaßvogel. Mit seinem hellgrauen Körper, den großen, runden Ohren und den zwei langen Schneidezähnen sieht es aus wie eine Maus.

Besitzerin

Ladybug vertraut das Mäuse-Miraculous, das sie normalerweise in ihrer Miraculous-Schatulle aufbewahrt, im Kampf gegen Malediktator ihrer Freundin **Mylène Haprèle** an. Mylène geht in Marinettes Klasse, ist oft unsicher und kämpft gegen viele Ängste an. Gleichzeitig setzt sie sich aber auch mutig für gute Zwecke ein – ideal, um einen Superschurken zu bekämpfen.

Miraculous

Mullo ist mit dem **Mäuse-Miraculous** verbunden, einem kreisrunden Anhänger an einem Lederband. Im Tarnzustand ist das Band schwarz und durch das Mittelloch des hellgrünen Anhängers geknüpft. Wenn Mullo mit dem Miraculous verschmolzen ist, färbt sich das Band rosa, und der Anhänger wird dunkelgrau mit fünf eingravierten Mäusen.

hrung

Superheldin

Wenn Mylène die magische Formel spricht, verwandelt Mullo sie in die Superheldin **Polymouse**. Nun trägt sie einen hellgrauen Anzug mit weiß und rosa abgesetzten Bereichen, eine farblich passende Augenmaske und eine Kapuze mit Mäuseohren.

Superpower

Um die Superpower des Mäuse-Miraculous zu aktivieren, springt Polymouse in die Luft und ruft: „**Vervielfachung!**" Dann vervielfältigt sie sich in kleinerer Größe – mitsamt Mäuse-Miraculous und Springseil. Und je mehr Polymouse-Kopien es werden, desto kleiner werden sie. Am Ende sind sie so winzig, dass man nur noch einen rosa leuchtenden Schwarm magischer Energie erkennt.

Ausstattung

Zum Mäuse-Miraculous gehört ein magisches Springseil. Es ist rosa mit glänzenden Griffen und wird benötigt, um die Superkraft zu aktivieren. Wenn das Seil nicht gebraucht wird, trägt Polymouse es wie einen Gürtel um die Hüften geschlungen. Bei ihrem ersten Einsatz bindet sie Ladybugs Glücksbringer, einen Schlittschuh, an das **Springseil**, um den Superschurken Malediktator außer Gefecht zu setzen.

Funfact

Wenn Marinette das Mäuse-Miraculous trägt, verwandelt Mullo sie in die Superheldin **Multimouse**. Durch die Kraft der Vervielfachung wird sie so klein, dass die mausgroßen Kwamis wie riesige Monster erscheinen.

Stompp, das Kwami der En

Zahlen und Fakten

Das kleine blaue Kerlchen ist so groß wie eine Maus und über 5 000 Jahre alt. Es hat gebogene, graublaue Hörner auf dem Kopf und einen langen, dünnen Schwanz. Mit seinem Aussehen erinnert Stompp an einen Stier.

Besitzer

Normalerweise befindet sich Stompp bei Marinette in der Miraculous-Schatulle. Chloé trägt den Nasenring als Queen Bee einmal ganz kurz. Im Kampf gegen Chloé alias Penalty vertraut Ladybug das Ochsen-Miraculous dann **Ivan Bruel** an. Ivan geht in Marinettes Klasse und ist ein großer, bulliger Typ mit einer rauen Schale, aber einem weichen, sehr sensiblen Kern. Als Ladybug ihm das Ochsen-Miraculous aushändigt, hat er Angst, mit seinen entfesselten Superkräften könnte er jemandem wehtun. Doch Ladybug kann ihn beruhigen.

Miraculous

Stompp ist mit dem **Ochsen-Miraculous** verbunden, das getarnt wie ein schlichter Nasenring aussieht. Wird der Ring von Stompp aktiviert, färbt er sich blau mit fünf gelb leuchtenden hörnerartigen Stacheln.

chlossenheit

Superheld

Wenn Ivan das Ochsen-Miraculous trägt und „Stompp, verwandle mich!" sagt, verwandelt das Kwami ihn in den Superhelden **Minotaurox**. Dann trägt er einen schwer gepanzerten grauen Muskelanzug mit goldenen Reißverschlüssen, die dazu passende Augenmaske und goldene Stierhörner mit schwarzen Spitzen. Zu seiner Ausstattung gehört ein magischer Hammer.

Superpower

Um seine Superkraft zu aktivieren, muss Ivan nur das magische Schlüsselwort rufen: „Widerstand!" Dann ist er vor jeder anderen Superpower geschützt, und kein Superschurke kann ihm etwas antun.

Funfact

Das kleine Kwami ist sehr hartnäckig und stark. Sein Name „Stompp" leitet sich von dem englischen Verb „to stomp" ab, was „stampfen" bedeutet.

Orikko, das Kwami der Vors

Zahlen und Fakten

Das orange-gelbe Kwami erinnert mit dem Kamm auf dem Kopf, dem Schnabel und den Schwanzfedern an einen Hahn. Es ist über 5 000 Jahre alt und etwa zehn Zentimeter groß.

Besitzer

Normalerweise befindet sich Orikko zusammen mit dem magischen Daumenring in der Miraculous-Schatulle. Um gegen Chloé alias Superschurkin Penalty und deren Klone zu siegen, übergibt Ladybug das Hahnen-Miraculous ihrem Schulfreund **Marc Anciel**. Marc ist ziemlich schüchtern, hat aber eine rege Fantasie und denkt sich die wildesten Geschichten aus.

Miraculous

Orikko ist mit dem **Hahnen-Miraculous** verknüpft – einem Daumenring bestehend aus zwei silbernen Teilen, die mit einem Scharnier verbunden sind. Wenn Orikko seine magische Kraft aktiviert, färbt sich der Daumenring golden mit schwarzem Muster und endet in einer Kralle.

Superheld

Als Marc das Hahnen-Miraculous anlegt und die magischen Worte „Orikko, verwandle mich!" murmelt, macht das Hahnen-Kwami den schüchternen Jungen zum mutigen Superhelden **Rooster Bold**. Der trägt goldene Stiefel, schwarzblaue Hosen mit langen Schwanzfedern, ein orange-rotes Oberteil mit stilisierten Federn und ein rotes Halstuch, das an den Kehllappen eines Hahns erinnert. Zum Anzug gehören schwarzblaue Handschuhe und eine rote Augenmaske mit goldenem Schnabel. Die Haare sind dunkelbraun mit roten, nach oben stehenden Irokesensträhnen. An seinem linken Unterarm ist ein schwarz-goldener Stift befestigt, der in einer weißen Feder endet.

Superpower

Orikko verleiht dem Träger des Hahnen-Miraculous die Macht, **jede beliebige Superkraft** zu aktivieren. Im Fußballmatch gegen Superschurkin Penalty entscheidet sich Rooster Bold für die Superpower, immer ein Tor zu schießen, wenn er am Ball ist. Damit bringt er das Team der Superhelden in Führung.

Funfact

Orikko ist das einzige Kwami, dessen Name drei Silben hat. Die Namen aller anderen bekannten Kwamis haben eine oder zwei Silben.

Ziggy, das Kwami der Leiden

Zahlen und Fakten

Ziggy ist etwa mausgroß und hat bereits über 5 000 Jahre auf dem Buckel. Wie sein Name verrät, gleicht das hellgraue Kwami mit den spitzen Ohren und den dunkelgrauen Hörnern einer Ziege. Sein Markenzeichen ist der dunkelgraue Fleck um das rechte Auge.

Miraculous

Ziggy ist mit dem **Ziegen-Miraculous** verbunden, zwei Haarspangen, die im Tarnzustand ganz unterschiedliche Formen annehmen – je nachdem, wer sie trägt. Normalerweise sehen sie aus wie silberne Blätter. Wenn Ziggy mit dem Miraculous verschmilzt, verwandeln sie sich in gebogene Hörner mit fünf schwarzen Feldern.

Besitzer

Marinette bewahrt Ziggy und das Ziegen-Miraculous in der Miraculous-Schatulle auf. Im Kampf gegen Superschurkin Penalty und ihr geklontes Fußballteam wählt Marinette alias Ladybug ihren Schulfreund **Nathaniel Kurtzberg** aus, das Ziegen-Miraculous zu tragen. Nathaniel ist eher zurückhaltend und redet nicht viel. Dafür ist er unheimlich kreativ und ein genialer Comic-Zeichner.

Superheld

Als Nathaniel das Ziegen-Miraculous anlegt und die magischen Worte „Ziggy, verwandle mich!“ spricht, verwandelt das Ziegen-Kwami ihn in den Superhelden **Caprikid**. Sein Superhelden-Outfit ist schwarz-weiß mit zotteligen grauen Bündchen, die an das Fell von Ziegen angelehnt sind. Sein Gesicht bedeckt eine passende Augenmaske, und auf dem Kopf ragen spitze, in sich gedrehte Hörner in die Höhe. Zur speziellen Ausrüstung des Ziegen-Miraculous gehört ein magischer Stab. Er ist schwarz mit einem silbern und golden gemusterten Endstück und einer weißen Spitze, die an einen Pinsel erinnert.

Superpower

Ziggy überträgt dem Träger seines Miraculous die Superkraft, **einen beliebigen Gegenstand zu erschaffen**. Caprikid muss nur noch seinen Stab schwingen und das Etwas in die Luft malen – und im nächsten Augenblick hält er den realen Gegenstand in der Hand.

Funfact

Ziggy ist freundlich und hilfsbereit. Das Kwami kann aber auch sehr wütend werden – besonders wenn jemand etwas von ihm verlangt, ohne „bitte“ zu sagen.

Barkk, das Kwami der Vere

Zahlen und Fakten

Mit seinen lang herabhängenden Schlappohren sieht das hellbraune Kwami mit den weißen Flecken aus wie ein Hündchen. Barkk ist so groß wie eine Maus und mindestens 5 000 Jahre alt.

Besitzer

Eigentlich befinden sich Barkk und das Hunde-Miraculous in der Miraculous-Schatulle. Vor dem Fußballmatch gegen Chloé alias Superschurkin Penalty vertraut Ladybug das Miraculous vorübergehend **Sabrina Raincomprix** an. Um Shadow Moths Falle zu entkommen, beschließt Marinette einige Zeit später, das Hunde-Miraculous Adrien zu geben. Sie ahnt nicht, dass sie den magischen Halsreif Adriens Cousin **Félix Graham de Vanily** aushändigt, der Adrien zum Verwechseln ähnlich sieht – und finstere Pläne schmiedet …

Miraculous

Barkk ist mit dem **Hunde-Miraculous** verbunden. Im Tarnzustand ist es ein schlichter Halsreif. Wenn Marinette ihn trägt, färbt er sich rosa, bei Chloé golden, bei Sabrina silbern, bei Adriens Cousin Félix schwarz. Sobald Barkk mit dem Hunde-Miraculous verschmilzt, leuchtet der Halsreif kurz auf, und zwischen den beiden hellen Endstücken in Hundekopfform erscheinen fünf hellbraune Ringe.

Superhelden

Barkk verwandelt Sabrina über das Hunde-Miraculous in die Superheldin **Miss Hound**. In ihrem coolen Outfit, das neben Schwarz und Weiß auch die hellbraune Farbe des Hunde-Kwamis hat, wirkt die sonst so unsichere Sabrina sichtlich befreit und unbeschwert. Sie trägt eine zum Anzug passende Augenmaske und eine braune Kopfbedeckung, über deren Rand zwei Laschen hängen, die an Barkks Schlappohren erinnern. Nachdem Félix die magischen Worte „Barkk, verwandle mich!" gesprochen hat, macht das Kwami ihn zum Superhelden **Flairmidable**. Sein Anzug ist orangebraun mit weißen und schwarzen Elementen; an der Brust haftet ein kleiner Ball. Seine Augenmaske ist weiß-orange, und seine orangebraunen Hundeohren sind spitz aufgerichtet.

Superpower

Zum Hunde-Miraculous gehört ein kleiner magischer **Ball**, der farblich perfekt zu Barkk und den Outfits von Miss Hound und Flairmidable passt. Er ist der Schlüssel zur Superkraft des Hunde-Miraculous: Alles, was der Ball einmal berührt hat, lässt sich finden und wieder zurückholen.

Funfact

Barkk liebt alles, was süß ist, ganz besonders Marinettes rosarote Macarons.

Weitere tolle Miraculous-Abenteuer!

ISBN 978-3-8332-4079-9

ISBN 978-3-8332-3926-7

ISBN 978-3-8332-3984-7

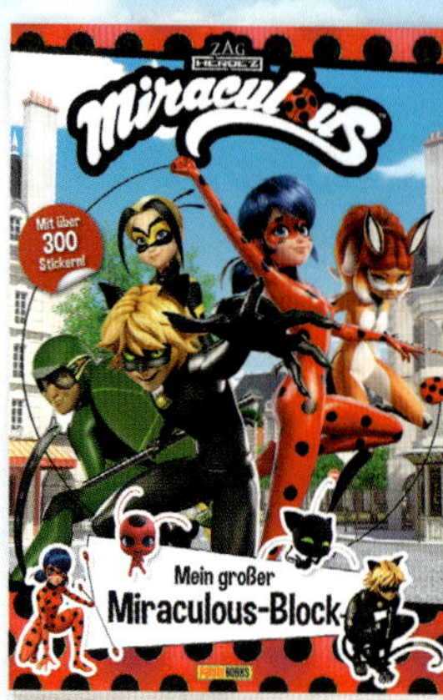

ISBN 978-3-8332-4074-4

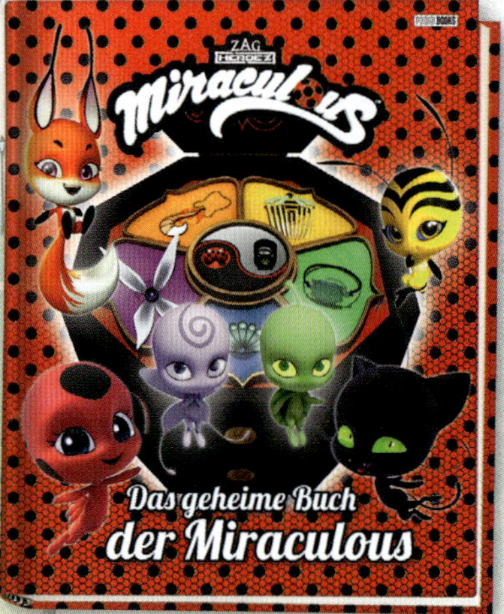

ISBN 978-3-8332-3740-9

ISBN 978-3-8332-4150-5